LA CHUTE DU CAPITALISME

CAITLYN JANE

Relecture: Anne Françoise Dessoy
Correction: Gemini 3

Édition : BoD · Books on Demand, 31 avenue Saint-Rémy, 57600 Forbach, bod@bod.fr
Impression : Libri Plureos GmbH, Friedensallee 273, 22763 Hambourg (Allemagne)
ISBN : 978-2-3228-5754-8
Dépôt légal : Juillet 2026

PRÉFACE

Dans notre société technocratique, on a pris l'habitude de confier les clés de la pensée aux seuls détenteurs de diplômes spécifiques. On nous répète qu'il faut avoir passé sa vie sur les bancs d'une faculté d'économie ou porter un costume de courtier pour avoir le droit de comprendre, d'analyser et de critiquer le système financier. C'est une illusion entretenue pour maintenir la population dans l'impuissance.

À l'ère d'Internet, des intelligences artificielles, de l'accès instantané aux données mondiales et des formations en ligne, le monopole du savoir a explosé. Quiconque est armé de curiosité, de rigueur et d'une volonté farouche de comprendre peut s'approprier les rouages du monde. Le savoir n'appartient plus aux institutions ; il appartient à ceux qui le cherchent.

J'en conviens, ma légitimité ne vient pas d'un bureau feutré à Wall Street ou d'une tribune universitaire déconnectée. Elle s'enracine dans la réalité du quotidien, mais aussi dans une solide compréhension des mécanismes qui régissent notre monde : mes études en comptabilité et mon diplôme de gestion m'ont appris à lire entre les lignes des bilans et à comprendre la logique des chiffres. C'est ce bagage technique, allié à une volonté farouche d'apprendre par moi-même, qui m'a permis de décoder la triche globale. J'ai les outils pour voir comment la machine comptable fonctionne sous le capot, et le recul de l'auteure pour voir vers quel mur elle nous dirige.

INTRODUCTION

La partie de Monopoly est terminée, mais ils refusent pourtant de lâcher les dés.

Nous regardons l'arbre vert pour ne pas voir la forêt en feu. Cet arbre, c'est la vitrine d'un capitalisme sous perfusion : la technologie triomphante, l'abondance apparente, les profits records d'une poignée de multinationales. Mais derrière cette illusion, l'incendie ravage tout le reste.

Comment justifier qu'un système remplace les travailleurs par l'intelligence artificielle tout en exigeant des États une hausse frénétique de la natalité ? Qu'il engloutisse des milliards dans des armes nucléaires inutilisables pendant que nos hôpitaux et nos écoles publiques tombent en ruine ? Qu'il paie le divertissement de masse à prix d'or pendant que ceux qui sauvent des vies peinent à payer leur plein d'essence ?

À travers une autopsie implacable du néolibéralisme actuel, je vous démontre que la démocratie est devenue un théâtre d'ombres. Verrouillés par le chantage à la dette et les traités européens, nos gouvernements ont cédé les clés du monde aux fonds de pension comme BlackRock ou Vanguard. Les ressources physiques de la planète s'épuisent, mais le système, lui, continue d'accélérer droit dans le mur, prêt à sacrifier le vivant pour sauvegarder sa monnaie.

La chute du capitalisme n'est pas un énième livre d'économie. C'est le diagnostic clinique d'un monde en état de mort cérébrale, et le réquisitoire indispensable pour comprendre l'effondrement en cours. Car comprendre la chute, c'est déjà préparer la suite.

Le vieux monde brûle. Il est temps d'ouvrir les yeux, avant de bâtir la suite.

Chapitre 1

Les règles du jeu truqué : Capitalisme et mutation néolibérale

« Il n'y a pas de pire esclave que celui qui se croit libre sans l'être. » — Johann Wolfgang von Goethe

C'est le plus grand braquage idéologique de notre histoire moderne : réussir à enfermer l'humanité entière dans une camisole de force financière tout en lui faisant croire qu'on lui offre des ailes. Le néolibéralisme n'a pas seulement redessiné l'économie, il a piraté notre vocabulaire en vidant les mots de leur sens. Utilisant ainsi les promesses de l'émancipation pour justifier notre asservissement. Mais pour comprendre comment la machine s'est emballée au point de brûler sa propre planète, il faut d'abord regarder sous le capot et distinguer le moteur d'origine de sa mise à jour mortelle.

Le capitalisme classique naît avec la révolution industrielle et repose sur une mécanique brutale mais lisible. Ses règles tiennent en trois principes :

1. *La propriété privée des moyens de production.*
2. *Le travail salarié.*
3. *La recherche du profit par la production de biens réels.*

Dans cette configuration, l'entrepreneur possède l'usine, l'ouvrier vend son temps, et la richesse se crée en fabriquant une voiture, un réfrigérateur, un vêtement ou quoi que ce soit d'autre. Le système génère des inégalités massives, mais jusqu'aux Trente Glorieuses, il reste régulé. L'État joue encore le rôle d'arbitre et prélève l'impôt pour construire des hôpitaux, des écoles, des routes, maintenant ainsi un équilibre précaire pour éviter que la société n'explose. Le capitalisme produit du matériel, et le pouvoir politique garde (en théorie) la main sur le volant.

Mais à l'aube des années 80, sous l'impulsion de figures comme Margaret Thatcher et Ronald Reagan, le système a muté. Le capitalisme de production est devenu un capitalisme financier connu aujourd'hui sous l'appellation : **Néo-libéralisme.**

Le dogme a changé radicalement : l'État n'est plus l'arbitre. Pire, il est devenu le problème. Le marché privé, lui, est décrété comme la solution à tout. Il ne s'agit plus de gagner de l'argent en fabriquant des objets, mais en spéculant sur l'argent lui-même, sur la dette et sur les fusions-acquisitions. C'est ce système qui a mis tout le monde en prison en prônant la liberté. On nous a vendu la dérégulation comme une libération face à la lourdeur de l'État, pour finalement nous soumettre à la dictature bien plus opaque des agences de notation et des algorithmes. On nous a également vendu le mythe de « l'auto-entrepreneur » ou de « devenir son propre patron », pour mieux détruire la protection sociale et renvoyer le travailleur au servage, devant assumer seul tous les risques d'une maladie ou d'une crise.

La prison moderne n'est plus faite de murs de briques. Elle est à ciel ouvert, et ses barreaux sont immatériels : ils sont faits, entre autres, de traites à payer, de crédits à la consommation ou de loyers qui explosent. Le prisonnier moderne est libre de choisir entre trente marques de céréales au supermarché, mais il est terrifié à l'idée de s'arrêter de courir dans la roue de peur d'être déclassé. L'anarchie en costume-cravate, ou quand le cynisme de ce système culmine dans sa capacité à nous terroriser avec ce qu'il applique lui-même au quotidien.

Rappelez-vous. Depuis notre enfance, on nous met en garde contre « *l'anarchie* » ou la « *loi de la jungle* ». On nous répète que sans ce cadre économique précis, ce serait le chaos, la guerre de tous contre tous, et que le plus fort dévorerait le plus faible. Pourtant, qu'est-ce que le néolibéralisme, sinon l'application comptable de cette dite loi ?

- **Les multinationales** écrasent les petites et moyennes entreprises sans la moindre pitié.
- **Les fonds d'investissement** pillent les ressources publiques et dictent leurs lois aux parlements.

- **La société** laisse les individus s'effondrer dans la rue ou renoncer à se soigner s'ils ne sont plus rentables.

La seule différence avec la barbarie primitive, c'est que la violence a été aseptisée. Le prédateur d'aujourd'hui ne rugit plus, préférant porter un costume cravate sur mesure. Ses crocs et ses griffes ayant été remplacés par des taux d'intérêt et des licenciements boursiers. Pour faire passer la pilule, on nous a installés dans un *zoo démocratique*. On rassure les citoyens en leur garantissant qu'ils sont libres et civilisés puisqu'ils ont le droit, tous les quatre ou cinq ans, de voter pour la couleur de la cravate de leur gardien. Mais peu importe le résultat des urnes, ce sont toujours les mêmes prédateurs financiers qui fixent le menu.

L'arnaque de la dette et la croissance forcée

Malgré leurs différences, le capitalisme industriel et sa mutation néolibérale partagent un même code génétique, une erreur de calcul fondamentale qui nous mène droit au crash : « *La croyance religieuse en une croissance **infinie** sur une planète aux ressources **finies**.* »

Pour que ce casino mondial continue de tourner, il faut qu'il s'alimente en permanence. Et quand l'économie réelle ne suffit plus à générer les rendements exigés par une poignée de rentiers, le système doit inventer de nouvelles règles magiques pour maintenir l'illusion de sa valeur. C'est là qu'entre en scène le plus grand tour de passe-passe géopolitique du siècle dernier : la transformation de la monnaie mondiale en un instrument de guerre.

Mais pourquoi nos dirigeants sont-ils obsédés par la croissance économique perpétuelle ? Pourquoi veulent-il toujours produire plus, vendre plus, consommer plus, même si la planète suffoque ? Ce n'est malheureusement pas par simple cupidité humaine, mais par une exigence mathématique liée à la façon dont l'argent est créé :

Le crédit virtuel et les intérêts.

Dans notre système, l'argent **n'est pas créé** par l'État. **Il est créé ex nihilo (à partir de rien)** par les banques privées lorsque vous contractez un crédit. C'est de l'argent virtuel, de simples lignes de code informatique. Mais voici le vice caché du capitalisme financier : quand la banque crée l'argent de votre prêt, elle ne crée pas l'argent pour payer les intérêts.

Pour faire plus simple : Imaginez une île déserte où une banque prête 100 euros à l'unique habitant, avec 5 % d'intérêts. L'habitant doit donc rembourser 105 euros. Mais il n'y a que 100 euros en circulation sur toute l'île ! Pour trouver les 5 euros manquants, il n'y a qu'une seule solution : La banque DOIT accorder un nouveau crédit, pour créer de la nouvelle monnaie. Multipliez cela à l'échelle de la planète et vous comprendrez pourquoi l'humanité entière doit rembourser plus d'argent qu'il n'en existe physiquement.

Pour trouver l'argent des intérêts, le système est obligé de forcer la croissance : il faut sans cesse emprunter, extraire de nouvelles ressources, inventer de nouveaux besoins (*comme l'obsolescence programmée*), et ubériser le travailleur. Si la croissance s'arrête, les crédits ne peuvent plus être remboursés, les banques font faillite et le système s'effondre. CQFD !

Le capitalisme est comme un requin : s'il arrête de nager, il coule. La destruction de la Terre n'est donc pas un accident de parcours, mais le prix à payer pour rembourser les intérêts d'une monnaie **qui n'existe pas**.

Les boucliers du système : L'illusion politique

Quand les dés sont pipés et que la banqueroute du système devient une évidence incontestable, le capitalisme déploie ses ultimes mécanismes de défense pour empêcher les joueurs de renverser la table. Ce verrouillage ne s'opère pas dans l'ombre, mais au grand jour, soutenu par la fausse rébellion politique, la justice tarifée, la force institutionnelle et, finalement, par l'aliénation de la jeunesse.

Pour maintenir le cap dans la tempête et éviter que la population ne s'attaque aux véritables responsables du naufrage, **le système a besoin d'une diversion**. L'extrême droite remplit ce rôle de soupape de sécurité avec une redoutable efficacité. Elle se drape dans les habits du bouclier anti-système, jurant de défendre les classes populaires, les travailleurs précaires et les grands oubliés de la décélération. Mais le vernis craque à la première contradiction.

Prenons l'exemple de figures comme Marine Le Pen : comment prétendre défendre les plus démunis tout en étant embourbée dans des affaires de détournements de millions d'euros d'argent public ? Dès que la caste est rattrapée par ses propres turpitudes financières, l'indignation de façade s'évapore, l'impunité s'installe, et le masque tombe : l'extrême droite ne souhaite absolument pas détruire le plateau de jeu ni exproprier le « Boulevard Vanguard ». Elle veut simplement s'asseoir à la place du banquier pour distribuer la rente à ses proches et ses amis, tout en offrant aux perdants un bouc émissaire pour purger leur frustration.

La justice à deux vitesses : le péage de l'impunité

Si la politique est un théâtre de dupes, la justice s'est, quant à elle, métamorphosée en une simple prestation de services. Dans ce capitalisme dérégulé, la fameuse carte « Sortez de prison » n'est pas une légende : elle s'achète à coups de millions ou s'active grâce à un carnet d'adresses. L'impunité au sommet de l'État en est la preuve éclatante.

Prenez le sommet de l'échiquier politique, avec un figure comme Nicolas Sarkozy. Embourbé dans le scandale du financement libyen, il est condamné en première instance à cinq ans de prison ferme pour association de malfaiteurs. Pour un citoyen ordinaire, une telle sentence signifierait des années de détention implacable. Pour lui ? Un passage éclair de vingt petits jours derrière les barreaux avant d'être tranquillement remis en liberté en attendant son procès en appel. Comme dans le célèbre jeu de société, il lui a suffi de faire un double avec ses avocats pour ressortir de la case prison au tour suivant et reprendre la partie, pendant qu'un détenu lambda n'a même pas le droit de relancer les dés. La sanction se dilue dans des recours sans fin, transformant l'enfermement en une simple formalité administrative temporaire. Pendant que le peuple subit la loi dans toute sa rigueur, les puissants s'offrent des aménagements VIP.

Mais quand on quitte la sphère politique pour entrer dans celle de l'hyper-finance, cette impunité prend une tournure encore plus morbide. L'affaire Jeffrey Epstein en est l'allégorie parfaite. Ce scandale vertigineux n'est pas juste une erreur de parcours ; mais démontre que l'oligarchie financière a tellement concentré les richesses, qu'elle a engendré une classe d'intouchables. La marchandisation a atteint son paroxysme quand l'être humain est devenu un bien de consommation jetable, et que le silence de la loi s'est acquit à coups de millions. Protégés par leurs relations et par le silence complice des plus grandes banques mondiales qui géraient leurs transactions douteuses, ces prédateurs évoluent aujourd'hui au-dessus des lois. Pour nonante-neuf pour cent de la population, la justice est un couperet implacable, mais pour eux, ce n'est qu'une vulgaire taxe négociable.

Les forces de l'ordre : les vigiles du casino

Lorsque l'illusion politique ne fait plus recette, et que le peuple constate que la justice est aveugle mais surtout sourde à sa détresse, le système abat sa carte physique pour maintenir l'ordre établi : la police. Le glissement est insidieux mais l'institution n'a plus vocation à protéger la population, mais à agir comme le bouclier du capital et de la propriété privée. Dans une société où tout vacille, les agents de l'ordre cèdent à la même peur du déclassement. Préférant sécuriser leur propre capital personnel et obéir aveuglément à leur hiérarchie plutôt que d'honorer la mission pour laquelle ils ont été créés. Ils ne sont plus les gardiens de la paix sociale, mais sont devenus les vigiles d'un casino en faillite, formant une barricade humaine entre les ruines du monde réel et les gagnants du jeu truqué.

L'économie du vide : la marchandisation de l'intime et la perte de l'utile

Mais la coercition physique ne suffit pas. Pour achever la soumission, le système s'attaque à l'esprit. Quand le plateau de jeu est verrouillé par les puissances financières et que l'économie réelle s'effondre, que reste-t-il aux nouvelles générations ? Le capitalisme contemporain, incapable d'offrir un avenir tangible ou un travail porteur de sens, a inventé l'ultime marché : celui de l'intime. En l'absence de perspectives, une part grandissante de la jeunesse se retrouve piégée dans l'économie de l'attention, poussée à se transformer en produit de consommation courante.

Sur les réseaux sociaux, des millions de jeunes s'épuisent à produire des vidéos, à mettre en scène leur vie quotidienne ou à vendre leur image dans une forme de prostitution numérique qui ne dit pas son nom. L'objectif n'est plus de créer, d'apprendre ou de bâtir quelque chose d'utile à la collectivité, mais de capter quelques secondes d'attention pour espérer récolter les miettes d'un parrainage publicitaire. Le système a réussi à convaincre toute une génération que s'aliéner publiquement et vendre son intimité est une forme d'émancipation.

Pendant que ces influenceurs tournent en boucle dans cette économie du vide, les défis fondamentaux de notre époque — l'écologie, le soin, la reconstruction d'un modèle durable — sont délaissés. Le néolibéralisme a non seulement volé l'avenir matériel de cette jeunesse, mais il a aussi siphonné son potentiel intellectuel et créatif, détournant des cerveaux et des bras de toute action véritablement utile pour les condamner à divertir une société en plein naufrage.

Chapitre 2

La monnaie fantôme et le sang du désert

Pour comprendre l'effondrement actuel, il faut d'abord poser une question simple à laquelle la plupart des gens sont incapables de répondre : *qu'est-ce qui donne sa valeur à un billet de banque ?*

Pendant longtemps, la réponse était physique. Le système monétaire mondial reposait sur « l'étalon-or ». Un dollar en papier n'était qu'un reçu qui faisait la promesse qu'une quantité équivalente d'or physique dormait dans les coffres de la Réserve Fédérale américaine. On ne pouvait pas imprimer de l'argent indéfiniment sans posséder l'or pour le garantir. **C'était la limite physique du système.**

Mais le 15 août 1971, le capitalisme américain heurte son premier grand mur. Ruinés par la guerre du Vietnam et une balance commerciale déficitaire, les États-Unis n'ont plus assez d'or pour couvrir les dollars en circulation. Le président Richard Nixon prend alors une décision qui va changer l'histoire de l'humanité : il suspend la convertibilité du dollar en or.

Du jour au lendemain, le dollar n'est plus adossé à rien. L'argent devient une pure croyance, une *monnaie fiat* (par décret). La limite physique saute et la planche à billets peut désormais tourner à l'infini. Cet évènement marqua le premier pas décisif vers le dogme néolibéral de la croissance déconnectée du réel.

Mais un bout de papier qui ne repose sur rien finit toujours **par s'effondrer**. Pour sauver l'illusion de la valeur et maintenir l'hégémonie américaine, il fallait d'urgence trouver un nouveau sous-jacent. Si ce n'était plus l'or, ce serait la ressource vitale qui fait tourner le monde : « **le pétrole** ».

La naissance du Pétrodollar

Entre 1973 et 1974, un pacte faustien est scellé entre les États-Unis et l'Arabie Saoudite, puis étendu à l'OPEP. L'accord est redoutablement simple : l'Arabie Saoudite accepte de ne vendre son pétrole qu'exclusivement en dollars américains. En échange, les États-Unis lui fournissent armes et protection militaire.

C'est un braquage à l'échelle mondiale. Désormais, n'importe quel pays sur Terre qui a besoin de pétrole pour faire rouler ses camions et chauffer ses hôpitaux doit d'abord se procurer des dollars. Les États-Unis sont ainsi devenus le seul pays au monde capable d'importer des marchandises réelles (des télévisions, des voitures, des matières premières ...) en les payant avec de l'argent qu'il leur suffit d'imprimer. Le reste du monde s'épuise à produire, pendant que l'Amérique exporte son inflation. C'est le plus grand impôt impérial jamais prélevé.

Le sang du désert : Maintenir l'illusion par la guerre

Mais que se passe-t-il si un pays décide de briser la règle du jeu et de refuser le dollar ?

Le néolibéralisme fait alors tomber son masque de libre marché et dévoile son vrai visage : l'intervention militaire. Le pétrodollar ne tient pas par la confiance économique, mais par la menace des porte-avions. L'histoire récente est pavée des cadavres de ceux qui ont osé défier le monopole du dollar :

- **L'Irak en 2000 :** Saddam Hussein annonce publiquement qu'il vendra désormais le pétrole irakien en euros, ce que les américains prennent pour une menace existentielle pour leur économie. En 2003, sous un prétexte fallacieux d'armes de destruction massive qui n'ont jamais existé, le pays est envahi, détruit, et ses ventes de pétrole sont immédiatement replacées sous l'égide du dollar.
- **La Libye en 2009 :** Mouammar Kadhafi, alors à la tête du pays le plus riche d'Afrique, propose la création d'une monnaie panafricaine indexée sur l'or : « *le Dinar-or.* » *L'objectif ?* Vendre le pétrole africain dans cette nouvelle monnaie forte et libérer le continent de la tutelle du dollar et du franc CFA. En 2011, sous couvert d'intervention humanitaire et de protection de la démocratie, la coalition occidentale — avec un certain Nicolas Sarkozy en pointe, alors en pleine tourmente judiciaire concernant ses propres financements de campagne — déclenche les hostilités. Le pays est bombardé, Kadhafi est assassiné, et le projet du Dinar-or est enterré sous les décombres de Tripoli.

Derrière leurs grands discours sur les droits de l'homme et la démocratie, l'Occident ne fait pas la guerre pour libérer des peuples. Bien sur que non, puisque depuis, l'état de ces pays est pire qu'avant. Non, il fait la guerre pour maintenir l'illusion comptable de sa monnaie. Le sang du désert est devenu l'encre rouge qui permet aux registres bancaires de Wall Street de rester créditeurs.

La fissure dans le barrage : La fin de l'hégémonie

Aujourd'hui, le système est en train de se fracturer de l'intérieur. Ce qui a coûté la vie à Saddam Hussein et Mouammar Kadhafi est désormais accompli à une échelle que l'armée américaine ne peut plus bombarder : l'émergence des BRICS.

La Russie, poussée hors du système bancaire occidental, et la Chine, qui prépare son indépendance économique, ont commencé à commercer massivement en roubles, en yuans et en or, contournant purement et simplement le dollar. L'Arabie Saoudite elle-même, pilier historique du pacte faustien de 1974, a ouvert la porte à la vente de son pétrole dans d'autres devises.

La machine de guerre américaine, qui pouvait par le passé, envoyer des porte-avions contre des pays isolé de quarante millions d'habitants, est maintenant paralysée. Raser des superpuissances nucléaires qui pèsent la moitié de l'économie et de la démographie mondiales est tout bonnement impossible. Le pétrodollar est en train de vivre ses dernières heures, et avec lui, c'est tout le mythe de la toute-puissance financière occidentale, dont nous faisons parties, qui s'effondre. Les États-Unis paniquent car sans le privilège de leur monnaie, ils devront enfin payer leurs dettes abyssales avec de l'argent réel.

La reddition européenne

Face à l'Empire américain qui vacille et au bloc de l'Est qui s'émancipe, quelle a été la réaction de l'Europe ? Comment les nations européennes ont-elles pu renoncer à leur propre souveraineté pour s'enchaîner à un navire en train de couler ?

La réponse ne se trouve pas dans une guerre, mais dans un traité rédigé à huis clos, loin du regard des peuples. Un coup d'État invisible qui a légalisé le braquage et transformé nos États en succursales bancaires.

Chapitre 3

Le chantage à la dette

Une dictature militaire s'installe avec des chars dans les rues et des couvre-feux. Une tyrannie financière est beaucoup plus élégante : elle s'installe avec des textes de loi de mille pages, rédigés dans un jargon incompréhensible, votés en pleine nuit par des parlementaires qui ne les ont pas lus. L'Europe n'a donc pas été conquise par les armes, mais a été privatisée par les traités. Et pour comprendre comment les nations européennes ont volontairement signé l'arrêt de mort de leur propre souveraineté, il faut revenir sur le plus grand braquage démocratique du XXIe siècle

Le viol du vote populaire

En 2005, le système a commis une erreur monumentale en demandant l'avis du peuple. Une *Constitution européenne*, visant à graver le dogme du marché libre et de la concurrence sans entraves dans le marbre, est soumise par référendum. Contre toute attente, les citoyens lisent le texte, comprennent le piège et disent "Non". La France rejette le traité à près de 55 %, suivie par les Pays-Bas à 61 %.

Dans une véritable démocratie, l'histoire se serait arrêtée là. Le peuple souverain avait parlé. Malheureusement, le néolibéralisme n'est pas une démocratie, mais plutôt un conseil d'administration.

Deux ans plus tard, l'oligarchie européenne prend le même texte, en change l'emballage, le rebaptise « Traité de Lisbonne », et le fait voter de force par les parlements nationaux, contournant purement et simplement la volonté des peuples. Le message envoyé aux citoyens est d'une clarté glaçante : vous avez le droit de voter, à condition d'être d'accord avec les marchés financiers. Sinon, nous passerons en force. Ce jour-là, la souveraineté populaire est officiellement morte en Europe. Mais ce n'était que la première phase du plan. Le vrai poison de Lisbonne se cachait dans ses détails techniques.

L'Article 123 : La privatisation de l'État

Pour mettre un pays à genoux, il ne faut pas contrôler ses frontières. Ce qu'il faut surtout contrôler, c'est sa capacité à créer sa propre monnaie. Jusque dans les années septante, lorsqu'un État européen voulait construire un hôpital, une ligne de chemin de fer ou une école, il pouvait emprunter l'argent à sa propre Banque Centrale, à un taux d'intérêt nul ou presque. L'État finançait ainsi l'intérêt général sans s'endetter de manière suicidaire.

Mais le Traité de Lisbonne *(et avant lui, celui de Maastricht)* a rendu cette pratique strictement illégale. À travers l'Article 123 du Traité de Fonctionnement de l'Union Européenne (TFUE), il est désormais formellement interdit aux Banques Centrales de prêter de l'argent aux États. La conséquence de ce traité à été cataclysmique, car désormais, pour se financer, les États sont obligés d'emprunter sur les marchés financiers internationaux, auprès de banques privées, et de payer des intérêts colossaux.

Du jour au lendemain, on a offert aux banquiers le monopole de la dette publique. L'argent de vos impôts, qui devait servir à payer les infirmières ou les professeurs, sert désormais, en priorité, à payer les intérêts de cette dette artificielle aux marchés financiers.

Le mythe de « *l'État providence qui a vécu au-dessus de ses moyens* »

C'est ainsi qu'est née l'escroquerie absolue de la « *crise de la dette* ». On répète en boucle aux citoyens sur les plateaux télévisés que la dette publique explose parce que « *nous avons vécu au-dessus de nos moyens* », parce qu'il y a « *trop de fonctionnaires ou d'immigrés* » ou parce que « *notre système social coûte trop cher* ».

C'est un mensonge mathématique. La majeure partie de l'explosion de la dette publique européenne n'est pas due aux dépenses de santé ou d'éducation, mais à l'accumulation des intérêts versés aux banques privées depuis qu'on a interdit aux États de se financer eux-mêmes.

Mais détrompez-vous. La dette n'est pas un accident, c'est une arme de destruction massive. C'est l'outil de chantage parfait. Avec la menace perpétuelle des "agences de notation" (qui peuvent faire flamber les taux d'intérêt d'un pays sur simple décision), les gouvernements n'ont plus d'autre choix que d'imposer l'austérité. Ainsi, on ferme des lits d'hôpitaux et on repousse l'âge de la retraite pour rassurer les marchés. Puis, on brade les autoroutes, les aéroports et l'énergie à des intérêts privés pour « *rembourser la dette* ». L'État n'est plus le protecteur des citoyens, mais l'huissier de justice des créanciers. Il ne gouverne plus, il gère la misère pour payer le loyer de la prison.

La reine non élue de l'Europe

Si le doute subsistait encore sur la nature oligarchique de l'Union européenne, il suffit de regarder au sommet de sa pyramide. Qui dirige aujourd'hui la vie, l'économie et la géopolitique de près de 450 millions de citoyens européens ?

La présidence de la Commission européenne, incarnée par des figures comme **Ursula von der Leyen.** Cette institution détient un pouvoir exécutif écrasant : elle propose les lois, négocie les traités internationaux, dicte les budgets nationaux et décide même des sanctions économiques à l'échelle mondiale. Pourtant, une question d'une simplicité enfantine devrait faire trembler tout le continent : **qui a voté pour elle ?** La réponse est : **aucun citoyen**.

Le poste le plus puissant d'Europe n'est soumis à aucun suffrage universel direct. Il est le fruit d'arrangements entre chefs d'État, de négociations opaques dans les couloirs de Bruxelles et de tractations politiciennes. C'est le triomphe absolu de la technocratie. Nous avons à la tête de notre continent un exécutif qui ne rend pas de comptes au peuple, mais qui négocie pour des milliards d'euros de contrats pharmaceutiques par SMS interposés et qui engage l'avenir de nos agriculteurs derrière des portes closes. On s'indigne (*à juste titre*) des autocraties à l'autre bout du monde, mais nous avons accepté qu'une bureaucratie non élue puisse exiger d'un gouvernement élu par son peuple qu'il coupe dans le budget de ses propres hôpitaux. La boucle est bouclée : le système a créé un pouvoir politique hors de portée de la colère populaire.

Le coup de grâce agricole : L'absurdité du Mercosur.

Pour comprendre à quel point cette confiscation du pouvoir par l'Europe est devenue toxique, il suffit d'observer les traités de libre-échange qu'elle négocie aujourd'hui, le plus emblématique étant le « **Mercosur** ».

C'est ici que la schizophrénie du néolibéralisme atteint son paroxysme. D'un côté, l'Europe impose à ses propres agriculteurs des *normes environnementales et sanitaires d'une sévérité inédite* — ce qui est louable pour la planète. Mais de l'autre, et dans un cynisme absolu, elle signe des accords pour importer des dizaines de milliers de tonnes de viande bovine ou de volaille d'Amérique du Sud, *produites à l'autre bout du monde avec des pesticides interdits* chez nous, tout en rasant la forêt amazonienne au passage.

C'est la double peine. On détruit nos agriculteurs locaux qui ne peuvent pas s'aligner sur ces prix de dumping, et on accélère l'incendie de la forêt mondiale pour faire traverser un océan à de la viande bas de gamme, simplement pour que l'industrie automobile allemande puisse exporter quelques berlines supplémentaires vers le Brésil sans payer de droits de douane.

Le **Mercosur** n'est pas un accord commercial, c'est la preuve que dans l'Union Européenne post-Lisbonne, la rentabilité de quelques multinationales passera toujours avant la survie de ceux qui nous nourrissent et avant le climat de la planète. L'Europe est devenue un continent qui importe sa pollution et sous-traite sa propre destruction.

Mais si les États sont devenus les otages dociles des marchés financiers, une question vertigineuse se pose : qui sont exactement ces marchés ? À qui l'Europe paie-t-elle sa rançon chaque matin ?

Derrière les façades des banques, dans l'ombre des salles de marché, se cachent des entités beaucoup plus vastes, anonymes, et plus puissantes que n'importe quel gouvernement sur Terre.

Chapitre 4

Les propriétaires anonymes du monde

Pendant que les peuples hurlaient de joie ou de désespoir devant une finale de la Coupe du Monde, détournant le regard de leurs factures en retard et de leurs hôpitaux en ruine, une poignée d'hommes en costume a discrètement racheté le monde. Ils ont acheté le stade, la chaîne de télévision qui diffuse le match, la marque de soda sponsorisée sur les maillots, et la banque qui a endetté le pays organisateur. Le tour de magie du néolibéralisme est parfait : le public est tellement fasciné par la main du joueur qu'il ne voit pas celle du pickpocket. Le divertissement de masse, de la FIFA aux réseaux sociaux, n'est plus un loisir, mais leur arme de distraction massive. Et pendant que nous regardions ailleurs, le capitalisme de marché a été assassiné de l'intérieur par une nouvelle forme de prédateur : **les méga-fonds d'investissement.**

Le cartel des « Big Three »

Si l'on vous demande qui dirige le monde, vous penserez spontanément aux présidents, aux gouvernements ou à l'ONU. Mais nous avons vu au chapitre précédent que ces derniers n'étaient plus que des gestionnaires de province. Les véritables propriétaires de la planète n'ont ni armée, ni frontières, et ne se présentent à aucune élection. Ils s'appellent **BlackRock, Vanguard et State Street.**

On les surnomme les "Big Three" (*les trois grands*). Ce sont des gestionnaires d'actifs. Leur modèle d'affaires est un aspirateur à richesses d'une puissance inimaginable : ils collectent l'épargne des fonds de pension, des milliardaires, des banques et des États, et ils rachètent massivement des actions dans absolument tous les secteurs vitaux de la société humaine.

À eux trois, ils gèrent plus de 20.000 milliards de dollars (20 billions). C'est si vertigineux, que c'est plus que le Produit Intérieur Brut de toute l'Union européenne réunie. Avec une telle force de frappe monétaire, ils ne se contentent plus de jouer sur le marché : **ils sont le marché.**

L'assassinat de la libre concurrence

Le grand mensonge du néolibéralisme, celui qu'on enseigne dans les écoles de commerce, c'est la « libre concurrence ». On nous explique que la compétition entre les entreprises fait baisser les prix et profite au consommateur. **Mais comment peut-il y avoir de la concurrence quand les rivaux appartiennent au même maître** ?

Regardez l'échiquier économique mondial. Est-ce que vous pensez avoir le choix ?

- Vous hésitez entre un *Coca-Cola* ou un *Pepsi* ? Les Big Three sont les premiers actionnaires des deux.
- Vous utilisez un ordinateur *Apple* ou *Microsoft* ? Ils possèdent aussi les deux.
- Vous prenez l'avion sur un *Boeing* ou un *Airbus* ? Idem, ils sont au capital des deux.
- Vous vous faites vacciner par *Pfizer, Johnson&Johnson* ou *Moderna* ? La question ne se pose même plus.

C'est un monopole de l'ombre. Le capitalisme a muté en un *néo-féodalisme technologique*. L'économie mondiale ressemble aujourd'hui à une gigantesque galerie marchande où chaque boutique affiche une enseigne différente pour donner l'illusion du choix. Il suffit de regarder autour de vous. Observez la pompe à essence en bas de chez vous. Que vous alliez chez *Total, Shell, Q8* ou *Esso*, les prix affichés au centime près sont identiques. On vous vend la fable de la loi de l'offre et de la demande, mais sur le terrain, l'entente sur les prix est totale. La « libre concurrence » n'est qu'un spectacle de marionnettes dont les ficelles remontent toutes vers les mêmes conseils d'administration.

Les véritables huissiers de l'Europe

C'est ici que le piège du Traité de Lisbonne et de l'Article 123 (*qui, je le rappelle, oblige nos États à s'endetter sur les marchés privés*) se referme définitivement. Lorsque la Commission européenne ou nos gouvernements justifient le saccage de nos retraites, la vente de nos aéroports ou la fermeture de nos maternités pour « rassurer les marchés financiers », c'est à ces mastodontes qu'ils s'adressent. Ce sont eux qui rachètent la dette de nos pays.

Larry Fink, le PDG de **BlackRock**, n'a pas besoin de chars d'assaut pour imposer sa volonté à un président de la République. Il lui suffit d'un simple coup de téléphone pour menacer de dégrader la notation financière du pays. Face à ces Titans, les ministres de l'Économie ne sont que des guichetiers chargés de prélever l'impôt sur le citoyen pour le transférer vers les coffres-forts de Wall Street.

Le pillage du monde physique

Et parce que la monnaie fantôme (le dollar) finira inévitablement par s'effondrer, ces fonds d'investissement préparent déjà la suite : ils rachètent le monde physique. Ils acquièrent frénétiquement l'immobilier, transformant les citoyens en locataires à perpétuité (*oui, votre maison achetée à prix d'or, ne vous appartient pas. Vous en payez toujours un « cadastre » à l'état*). Ils s'emparent des terres agricoles, de la distribution d'eau et des infrastructures énergétiques. Ils achètent tout ce qui est réel avant que la monnaie ne vaille plus rien.

Le Forum de Davos : Le syndicat des prédateurs

Pour coordonner ce pillage à l'échelle planétaire, cette oligarchie a besoin d'un lieu de rendez-vous. Ce lieu, c'est le Forum Économique Mondial, qui se réunit chaque année dans la station huppée de Davos, en Suisse. C'est ici que la fusion entre la haute finance et la politique devient officielle. Sous la direction de figures technocratiques, les PDG de BlackRock ou de Vanguard s'asseyent à la même table que les dirigeants des multinationales et les chefs d'État.

Pour s'assurer de la docilité des gouvernements, le Forum a mis en place un programme d'influence redoutable : les **« Young Global Leaders »**. C'est une véritable pépinière de formation où l'oligarchie sélectionne, formate et propulse les futurs présidents et ministres des grandes puissances mondiales. Lorsqu'ils accèdent au pouvoir, ces dirigeants n'obéissent plus à leurs électeurs, mais appliquent scrupuleusement l'agenda globaliste de leurs mentors.

Regardez les visages qui gèrent ou ont géré nos vies : **Emmanuel Macron** et **Gabriel Attal** en France, **Justin Trudeau** au Canada, ou encore **Alexander De Croo** chez nous, en Belgique. Mais la toile s'étend bien au-delà de nos frontières : on y retrouve l'ancien chancelier autrichien **Sebastian Kurz**, l'ancienne Première ministre néo-zélandaise **Jacinda Ardern** — qui a transformé son île en laboratoire du confinement total —, l'Allemande **Annalena Baerbock**, ou encore le Néerlandais **Mark Rutte,** ancien Premier ministre des Pays-Bas et actuel Secrétaire général de l'OTAN, un pilier absolu du dogme de l'austérité en Europe. Ils sont tous passés par ce moule. Ce ne sont pas des hommes d'État portés par une vision populaire, ce sont des managers certifiés « conformes » par Davos. »

C'est là qu'ils dictent l'agenda global, résumable par la célèbre et glaçante formule prophétisée par le Forum pour l'horizon 2030 :

« Vous ne posséderez rien, et vous serez heureux. »

Comprenez : *ils* posséderont tout, de votre maison — dont vous payez de toute façon un précompte immobilier à vie à l'État — jusqu'aux infrastructures vitales, et nous leur louerons notre existence.

Chapitre 5

La stratégie du choc, de la seringue au gazoduc

Lorsque l'anesthésie par le divertissement ne suffit plus, que l'inflation étouffe et que les peuples commencent à mordre la main du maître, le néolibéralisme ne panique pas. Sachant qu'une population terrifiée est une population docile, il dégaine simplement son arme absolue.

Le management par la peur.

Face à une menace mortelle, l'être humain est programmé biologiquement pour chercher la protection du groupe et se soumettre à l'autorité. Le capitalisme financier a parfaitement assimilé cette faille neurologique, et ne gaspille jamais une bonne crise. Qu'il s'agisse d'un virus, d'une guerre ou d'un krach boursier, le système applique avec une précision chirurgicale ce que la journaliste Naomi Klein a théorisé sous le nom de « stratégie du choc » : utiliser la sidération collective pour faire passer en force des mesures de contrôle et de pillage économique qui auraient déclenché une révolution en temps de paix.

Le miracle du chaos et la fin des Gilets jaunes

Pour comprendre l'opportunisme absolu du système, il suffit d'observer le calendrier. À l'aube de l'année 2020, le monde occidental était en ébullition. De France avec les Gilets jaunes jusqu'au Chili, en passant par le Liban, les peuples descendaient dans la rue pour contester le rouleau compresseur de l'austérité. Le pouvoir tremblait sur ses bases, quand soudain, un virus apparaît et le monde entier est mis à l'arrêt. Confinement général, couvre-feux, interdiction de rassemblement. Les gouvernements ont vu cette crise arriver et ont immédiatement compris l'aubaine. Sous couvert de santé publique, ils ont maté la rue sans avoir à tirer une seule grenade lacrymogène et la peur du virus a remplacé la matraque.

Pendant que les petits indépendants et les restaurateurs faisaient faillite à cause des fermetures forcées, les États imprimaient des milliards d'euros d'argent magique pour acheter des vaccins à des prix tenus secrets. L'industrie pharmaceutique — détenue majoritairement par nos fameux fonds d'investissement — a réalisé son chef-d'œuvre : transformer des populations entières et saines en clients abonnés, soumis à des injections répétées, dont la facture astronomique était payée d'office par les impôts des citoyens. Pfizer, Astra Zeneca et Moderna ont engrangé des profits historiques, et l'État providence est devenu le caissier de Big Pharma.

Le bouclier sémantique et la légion d'honneur des « *complotistes* »

Pour opérer un braquage de cette ampleur au vu et au su de tous, le système avait besoin d'un pare-feu psychologique. Il a donc militarisé le langage et le mot « complotiste » a été vidé de son sens originel pour devenir l'arme de destruction massive de toute pensée critique. Autrefois réservé à ceux qui voyaient des reptiliens ou une Terre plate, ce mot est devenu l'insulte officielle pour excommunier quiconque posait des questions sur la rentabilité du système.

- S'étonner des contrats caviardés entre Ursula von der Leyen et le PDG de Pfizer ? Complotiste.
- Douter du narratif officiel ou poser la question d'une fuite du laboratoire de Wuhan ? Complotiste. (Jusqu'à ce que les propres agences de renseignement américaines finissent par admettre que c'était une hypothèse hautement probable).

Le mot n'est plus une critique scientifique, mais un cadenas comptable qui sert à paralyser le débat. Mais la violence de cette censure a fini par produire l'effet inverse. Comme le résume parfaitement l'adage moderne : « *si vous n'avez pas été traité au moins une fois de complotiste au cours des six dernières années, vous ne pouvez pas vous appeler journaliste* – Idriss Aberkane ». Porter cette étiquette est aujourd'hui devenu une véritable légion d'honneur, la preuve que vous avez regardé derrière le rideau et touché au cœur du réacteur.

L'extorsion à ciel ouvert : Le sabotage des *Nord Stream*

Si la crise sanitaire a été le braquage biologique du siècle, la guerre en Ukraine a offert son équivalent géopolitique. Et là encore, la machine de propagande et le bouclier "complotiste" ont tourné à plein régime pour masquer le plus grand racket économique infligé à l'Europe moderne : l'explosion des gazoducs Nord Stream.

La version officielle, servie avec le plus grand sérieux sur tous les plateaux télévisés, affirmait que la Russie avait elle-même fait exploser sa propre infrastructure à plusieurs milliards d'euros, détruisant ainsi son principal moyen de pression diplomatique sur l'Europe. Pourquoi faire exploser des tuyaux sous-marins au fond de la Baltique alors qu'il suffisait à Moscou de tourner une vanne pour couper le gaz ? Poser la question, c'était être l'avocat de l'ennemi. Mais rappeler que le président américain avait déclaré publiquement, quelques mois plus tôt, que si la Russie envahissait l'Ukraine, « *il n'y aurait plus de Nord Stream 2* », vous valait un lynchage médiatique immédiat.

Pourtant, cette phrase de Biden était le pistolet fumant posé sur la table qui rendit l'accusation de complotisme complètement ridicule. Le président de la première puissance mondiale annonce son crime en direct à la télévision, devant les caméras du monde entier, et la presse européenne fait semblant de regarder en l'air quand le gazoduc explose. Il a fallu des mois, et les révélations de journalistes d'investigation de renommée mondiale, pour que la vérité émerge timidement.

Le bilan comptable de ce sabotage est un cas d'école de la stratégie du choc : en un canonnage sous-marin, l'Europe a été brutalement amputée de l'énergie bon marché russe qui alimentait son industrie et le piège s'est refermé. Pour éviter le naufrage énergétique, nos gouvernements n'ont eu d'autre choix que de se tourner vers le grand vainqueur de l'opération : les USA. Sous couvert de solidarité militaire, les États-Unis ont donc racketté leurs propres alliés. L'Europe achète son Gaz Naturel Liquéfié (GNL) acheminé par méthaniers américains, à des tarifs jusqu'à quatre fois supérieurs. De son côté, la Commission européenne a laissé détruire l'infrastructure vitale de son propre continent sans oser prononcer un mot de protestation, ruinant les usines allemandes et le pouvoir d'achat des citoyens de Lisbonne à Varsovie.

Une fois de plus, le scénario est parfait. Le choc d'une guerre, la diabolisation de toute voix discordante, et à la fin, ce sont toujours les mêmes qui signent les chèques à l'ordre des mêmes multinationales.

Mais si nos corps sont contraints par la peur et nos économies siphonnées par des traités iniques, un dernier espace échappait encore au contrôle total du marché : notre esprit et notre vie privée. Pour refermer définitivement les portes de la prison à ciel ouvert, le système avait besoin d'un nouveau gardien, invisible, infatigable et omniprésent.

Chapitre 6

Le code-barres humain

Jusqu'ici, nous avons vu comment le néolibéralisme a confisqué la monnaie, privatise les États et militarise la peur. Mais pour que la prison à ciel ouvert soit d'une étanchéité absolue, il restait un dernier espace à verrouiller : notre identité et nos échanges quotidiens. Car face à la chute inéluctable du modèle économique traditionnel, le système n'a d'autre choix que de transformer le marché en un espace de surveillance intégrale.

Mais comment convaincre des milliards d'individus d'enfiler eux-mêmes leurs propres chaînes, de porter leur propre traceur GPS et d'accepter qu'une autorité centrale puisse surveiller la moindre de leurs transactions ?

La réponse du système tient en un seul mot, d'une banalité effrayante : **la praticité**. Le totalitarisme moderne ne s'impose pas avec des bottes à clous, il se télécharge sous la forme d'une mise à jour logicielle censée « *vous faciliter la vie* ».

Le cheval de Troie du portefeuille numérique

Tout commence par le concept, apparemment inoffensif, de l'Identité Numérique. On vous vend l'idée avec un grand sourire :

« *Fini la paperasse ! Mettez votre carte d'identité, votre permis de conduire, votre carte vitale et vos diplômes dans une seule application sur votre smartphone, voir, directement sous votre peau !* »

Sur le papier, c'est le triomphe de la modernité. Dans les faits, c'est l'architecture d'un traçage absolu. Centraliser la totalité de l'existence juridique, médicale et administrative d'un citoyen sur un seul serveur, c'est offrir à l'État — et aux entreprises privées qui gèrent ces serveurs — un interrupteur global. Car si tout votre accès à la société tient dans un QR code, il suffit qu'une autorité désactive ce code pour que **vous cessiez littéralement d'exister** sur le plan civique. Ainsi, vous ne pourrez plus voyager, plus conduire, plus entrer dans un hôpital ou plus signer de contrat.

Mais ce code-barres humain n'est que la première étape. L'arme fatale, celle qui prépare le coup de grâce à la liberté individuelle pour sauver un capitalisme agonisant, s'attaque à la nature même de l'argent.

L'Euro numérique et la fin de la propriété

Le sommet de l'hypocrisie technocratique porte un nom : la Monnaie Numérique de Banque Centrale (MNBC), qui prendra bientôt la forme de « l'Euro numérique ». Quand on en parle au citoyen moyen, il hausse les épaules : « *Et alors ? Je paie déjà tout par carte bancaire ou avec mon téléphone, nonante pour cent de mon argent est déjà numérique.* » C'est là que réside le piège mortel. L'Euro numérique n'est pas juste de l'argent dématérialisé. C'est de la monnaie programmable.

La différence est cataclysmique. Avec l'argent actuel, même numérique, un euro est un euro. Vous en faites ce que vous voulez. Avec la monnaie programmable, l'autorité centrale qui émet l'argent peut intégrer du code informatique directement dans la devise pour en restreindre l'usage. *C'est l'aveu ultime de l'échec du capitalisme de marché : le système ne tient plus par l'adhésion ou la croissance, mais par la contrainte algorithmique.*

Le crédit social occidental : La mort civile privatisée

En Occident, nous adorons pointer du doigt le système de crédit social chinois, où les citoyens mal notés se voient interdire de prendre le train ou l'avion. Mais au final, ce crédit social existe-t-il vraiment ou n'est-ce qu'un fantasme de science-fiction ? La réalité est qu'il est bien réel, mais loin du cliché d'un ordinateur central unique. Il s'agit d'une fusion redoutable entre des listes noires judiciaires et les données d'entreprises privées comme Alibaba, qui évaluent la fiabilité des individus. Nous nous croyons pourtant supérieurs parce que nos gouvernements prétendent ne pas utiliser ces méthodes.

Pourtant, notre système actuel fonctionne déjà presque à l'identique. Regardez autour de vous : nous acceptons le fichage de la Banque Nationale qui peut vous exclure du système bancaire et vous condamner à la mort financière. Chez nous, en Wallonie, si vous êtes fiché pour maltraitance, le système vous retire automatiquement votre permis de détention d'un animal. Si vous commettez une infraction, on vous retire votre permis de conduire, et le réseau tentaculaire de caméras de contrôle ANPS (qui lisent les plaques d'immatriculation en temps réel) se charge de vous interdire physiquement l'accès à la route. La structure est là, les fichiers sont prêts, les caméras surveillent.

La seule différence, c'est que nos gouvernements ont sous-traité la répression politique pure au secteur privé. C'est la touche finale du crédit social à l'occidentale. Si vous dérangez le système, si vous êtes un journaliste trop curieux, un chef de file des manifestations populaires ou que vous exprimez une opinion jugée « complotiste », le pouvoir ne vous envoie pas au goulag. C'est beaucoup trop visible et cela crée des martyrs. À la place, on demande aux algorithmes de vous effacer. Les réseaux sociaux vous bannissent, vous coupant de votre audience. Puis, soudainement, PayPal bloque vos transferts. Enfin, votre propre banque vous envoie un courrier laconique pour vous informer de la clôture unilatérale de votre compte courant, sans justification (le fameux droit au "refus commercial").

Ce n'est pas de la science-fiction : c'est arrivé à des camionneurs canadiens lors des manifestations de 2022, à des figures politiques britanniques comme Nigel Farage, et à des dizaines de dissidents à travers le monde. Vous êtes financièrement et socialement excommunié.

Chapitre 7

L'obsolescence programmée ou l'économie de la poubelle

S'il fallait résumer le capitalisme moderne à un extraterrestre qui débarquerait sur Terre, l'explication tiendrait en une phrase : « *Nous éventrons notre propre planète pour extraire des minerais rares, nous les expédions à l'autre bout du monde pour fabriquer des objets à la durée de vie délibérément courte, afin de pouvoir les jeter le plus vite possible et recommencer.* »

Nous n'avons pas construit une économie de la prospérité, mais plutot une civilisation de la poubelle. Et ce n'est pas un défaut du système, **c'est son moteur principal.**

Le crime de l'objet qui dure

Pour comprendre cette démence, il faut revenir au dogme absolu du néolibéralisme : le Produit Intérieur Brut (PIB) doit croître perpétuellement. Mais comment maintenir une croissance infinie quand tout le monde est déjà équipé d'un réfrigérateur, d'une voiture, d'une machine à laver et d'une télévision ? La solution trouvée par les industriels est d'un cynisme effrayant : il faut s'assurer que les objets meurent, et si possible, assez rapidement.

Dans une économie saine et logique, un ingénieur qui invente une machine à laver capable de durer quarante ans sans tomber en panne devrait recevoir le prix Nobel. Dans notre système, cet ingénieur est une catastrophe économique. Un objet qui dure, c'est un client qui n'achète plus.

L'industrie a donc institutionnalisé **l'obsolescence programmée.** Des pièces fragiles sont volontairement placées près des sources de chaleur dans vos appareils électroménagers. Les batteries de vos smartphones sont collées et désormais, impossibles à remplacer. Les mises à jour logicielles ralentissent délibérément vos ordinateurs pour vous forcer à en racheter un neuf. On a transformé des millions d'ingénieurs brillants en fossoyeurs technologiques, payés pour concevoir la défaillance.

Le mythe de la "croissance verte"

C'est ici que l'hypocrisie politique atteint son sommet. Nos dirigeants *(ceux-là mêmes qui signent des traités de libre-échange)* nous parlent à longueur de journée de transition écologique, de développement durable et de croissance verte. Sauf que ce concept est un oxymore, et une insulte aux lois de la physique. **Il n'y a pas de croissance verte.** Vous ne pouvez pas demander à la population de sauver la planète en triant ses déchets ou en éteignant la lumière, pendant que vous protégez un modèle économique qui exige la destruction de la forêt amazonienne, le siphonnage des réserves d'eau de **Bolivie** pour le lithium, le sacrifice des terres en **Chine**, et le pillage des métaux rares au **Congo** pour fabriquer des batteries de voitures électriques ou le dernier iPhone.

Le système ne veut pas recycler, car le recyclage coûte cher et ralentit la chaîne. Il veut extraire, vendre, et jeter. L'obsolescence programmée est un crime contre la biosphère qui nous fait transformer des ressources limitées en déchets éternels, simplement pour maintenir en vie l'illusion d'une ligne comptable sur les ordinateurs de Wall Street.

L'obsolescence psychologique : la tyrannie du neuf

Mais que faire si l'objet refuse de casser ? Si, par miracle, votre téléphone ou vos vêtements sont encore en parfait état après deux ans ? C'est là qu'intervient la seconde lame du système :

« L'obsolescence psychologique ».

Grâce à des milliards d'euros dépensés en marketing et en publicité, le néolibéralisme a réussi à pirater notre estime de soi. Il ne s'agit plus de savoir si un objet est fonctionnel, mais s'il est « *à la mode* ». Le système crée un sentiment d'infériorité sociale chez l'individu dont le téléphone n'a pas les trois derniers capteurs photo, ou dont la garde-robe n'a pas été renouvelée selon la saison. On a aussi convaincu le citoyen que son identité ou sa valeur en tant qu'être humain, dépendait de sa capacité à consommer du neuf.

C'est l'aliénation parfaite : le consommateur devient le propre complice du pillage de son environnement, persuadé qu'un nouvel achat comblera le vide existentiel créé par le système lui-même.

Mais cette aliénation matérielle s'accompagne d'une autre encore plus violente dans la sphère du travail. Car pour produire ces montagnes d'objets éphémères et les livrer en vingt-quatre heures à notre porte, il a aussi fallu réinventer l'exploitation humaine.

Chapitre 8

Le servage algorithmique

« Le fait de croire que le travail est une vertu est la cause de grands maux dans le monde moderne, et la voie du bonheur et de la prospérité passe par une diminution méthodique du temps de travail. »

— **Bertrand Russell, L'Éloge de l'oisiveté**

Le capitalisme du XIXe siècle s'appuyait sur l'exploitation brutale des ouvriers dans les usines de charbon. Mais le néolibéralisme du XXIe siècle a compris que pour exploiter les masses sans provoquer de révolte syndicale, il fallait changer le vocabulaire. On a remplacé le mot « ouvrier » par « partenaire ». Dans la grande distribution ou les supermarchés discount, on ne vous demande plus de faire des cadences infernales ou de ruiner votre santé au travail : on vous demande, avec un grand sourire managérial, si vous êtes « prêt à sortir de votre zone de confort ». On a vendu le retour à l'esclavage sous des slogans de développement personnel et l'illusion de l'indépendance avec le fameux : **« Devenez votre propre patron ».**

L'arnaque de l'indépendance

Quand vous travaillez pour Uber, Deliveroo, DHL, Amazon Flex ou n'importe quelle plateforme de livraison, l'entreprise vous jure que vous êtes un travailleur indépendant. Un entrepreneur libre de ses horaires. Sauf que c'est un mensonge d'une perversité totale. Dans le monde réel, un indépendant fixe ses propres tarifs, choisit ses clients et bâtit sa propre marque. Le travailleur ubérisé ne décide de rien. La plateforme lui dicte le prix de la course, lui impose l'itinéraire, et l'oblige à porter un sac aux couleurs de l'entreprise.

Pourquoi cette mascarade ? Pour une raison purement comptable : transférer la totalité des risques sur le travailleur. Autrefois, si une entreprise voulait faire livrer des repas, elle devait acheter un véhicule, payer l'assurance, payer les jours de maladie, financer les congés payés et cotiser pour la retraite de son livreur. **Aujourd'hui, la plateforme ne paie plus rien**. Le « partenaire » doit acheter son propre vélo ou sa voiture, payer son propre carburant et son propre forfait téléphonique. S'il a un accident sous la pluie en livrant un repas tiède, l'entreprise ne lui doit pas un centime d'indemnité. C'est la privatisation du profit et la socialisation absolue de la misère. **Le travailleur paie pour avoir le droit d'être exploité.**

Un patron de silicium

Si vous n'êtes pas un véritable indépendant, vous êtes donc un employé, mais qui fait face au pire patron imaginable : un algorithme.

Dans une entreprise classique, aussi dure soit-elle, vous pouvez discuter avec un supérieur, expliquer un retard, négocier avec un service des ressources humaines, ou faire grève. Dans l'économie de plateforme, le patron est un code informatique logé sur un serveur.

L'algorithme n'a ni visage, ni oreilles, ni états d'âme. Il traque votre position GPS à la seconde près, calcule votre taux d'acceptation des courses, et vous accorde ou non des bonus pour vous forcer à travailler sous la pluie le dimanche soir. C'est la gamification de la misère : on transforme la survie économique en un jeu vidéo sadique où le travailleur court après des points pour atteindre son salaire.

Le client devenu flic

Pour s'assurer que ce servage fonctionne sans le moindre cadre intermédiaire, le système a eu l'idée de génie de déléguer la surveillance à la personne la plus impitoyable qui soit : le client lui-même.

Grâce au système de notation par étoiles, le consommateur est devenu un micro-manager de la vie d'autrui. Un retard de cinq minutes à cause des embouteillages, un plat légèrement secoué ? Le client agacé laisse une étoile sur cinq. Et si la moyenne du livreur ou du chauffeur tombe en dessous du seuil exigé par l'algorithme, la sanction est immédiate et irrévocable : son compte est désactivé. Il est licencié par un robot, sans préavis, sans entretien, et sans possibilité de recours. Il est littéralement *débranché* de l'économie.

Le néolibéralisme a réussi l'exploit de transformer des millions d'individus en micro-tâcherons précaires, prêts à s'entre-tuer pour des courses à trois euros, tout en les persuadant qu'ils étaient des entrepreneurs modernes.

Mais cette armée de travailleurs jetables n'est qu'une phase de transition. Car le système rêve déjà de l'étape supérieure : se débarrasser totalement de l'humain. C'est là que la folie du système heurte de plein fouet son propre paradoxe démographique.

Chapitre 9

Le grand court-circuit démographique

S'il y a un domaine où la schizophrénie du système néolibéral apparaît au grand jour, c'est bien celui de la démographie. Nos dirigeants sont coincés dans un paradoxe tellement gigantesque qu'il en deviendrait comique, s'il n'était pas suicidaire. D'un côté, ils réclament des cerveaux de silicium pour remplacer les humains. De l'autre, ils supplient les humains de continuer à se reproduire. C'est le grand court-circuit de la machine comptable.

Le Ponzi démographique

Écoutez les discours politiques récents. Partout en Europe, on s'inquiète de la baisse de la natalité. On nous parle de « réarmement démographique ». Le système vous supplie de faire des enfants. **Mais ne vous y trompez pas : ce n'est pas par amour de la famille ou par humanisme.**

Le capitalisme financier est conçu comme une chaîne de Ponzi. Pour que la dette astronomique dont nous avons parlé *au chapitre 3* puisse continuer à rouler, et pour que les pensions de l'actuelle génération soient payées, le système a un besoin vital de chair fraîche. Il lui faut de nouveaux cotisants, de nouveaux contribuables et surtout, de nouveaux consommateurs pour acheter la marchandise jetable du *chapitre 7*. La sacro-sainte croissance infinie exige une démographie toute aussi infinie.

La destruction par l'Intelligence Artificielle

Mais dans le même temps, les mêmes dirigeants et les mêmes fonds d'investissement (toujours nos chers BlackRock, Vanguard et State Street) injectent des centaines de milliards dans le développement de l'Intelligence Artificielle. Leur rêve ultime ? Remplacer la classe moyenne.

L'I.A. n'a pas été conçue pour remplacer les travaux physiques et pénibles — même si, en Chine, des flottes de drones autonomes parachutent déjà les repas au pied des gratte-ciels, et qu'à San Francisco, les taxis sans chauffeur de Waymo ont déjà éjecté les chauffeurs humains des centres-villes —, elle a été programmée pour détruire les emplois intellectuels. Les comptables, les traducteurs, les juristes, les codeurs et les artistes. Et que l'on ne vienne pas nous servir la fable habituelle de la « destruction créatrice », selon laquelle ces technologies créeront les emplois de demain. C'est un mensonge comptable : un ingénieur à la Silicon Valley ou à Shenzhen suffit pour superviser un algorithme qui aura éliminé dix mille travailleurs à travers le monde. L'étau se referme.

L'algorithme ne fait pas grève, ne demande pas d'augmentation, et ne tombe pas malade. C'est ici que l'équation devient folle : le système veut que vous fassiez des enfants pour payer l'impôt, tout en finançant la technologie qui va s'assurer qu'ils n'aient jamais de salaire pour le payer. À qui les multinationales vont-elles vendre leurs produits si la majorité de la population n'a plus de revenus à cause de l'automatisation ? Les robots n'achètent pas de voitures ni d'abonnements Netflix.

Le Jour du Dépassement : La planète en faillite

Et c'est ici que le mensonge se fracasse contre la seule loi qui ne se négocie pas : les lois de la physique. Le système exige toujours plus de consommateurs humains et déploie des intelligences artificielles toujours plus puissantes. Or, un data center qui fait tourner une IA consomme des millions de litres d'eau potable pour se refroidir et l'équivalent de la production électrique de plusieurs centrales nucléaires. La Terre n'en peut tout simplement plus. La métrique la plus terrifiante de notre époque s'appelle le « Jour du Dépassement ». C'est la date de l'année à partir de laquelle l'humanité a consommé l'ensemble des ressources que la planète est capable de régénérer en un an.

- Dans les années septante, ce jour tombait fin décembre. La Terre tenait le choc.
- Aujourd'hui, ce jour tombe au tout début du mois d'août, et la date recule chaque année.

Pendant cinq mois de l'année, nous vivons donc littéralement à crédit sur le dos de notre propre écosystème. Et pour rester dans le jargon économique, nous sommes à découvert planétaire. Exiger une hausse de la natalité et faire tourner des fermes de serveurs titanesques pour générer des images artificielles pendant que les nappes phréatiques s'assèchent, ce n'est plus de l'économie, c'est du nihilisme. Le système est en train de brûler le vaisseau spatial pour faire tourner les moteurs un peu plus vite.

Chapitre 10

L'arsenal de l'apocalypse comptable

Tout au long de cet essai, nous avons analysé comment l'État s'est lui-même privé de son pouvoir de création monétaire pour s'enchaîner aux marchés financiers. Le refrain qui accompagne cette soumission, nous le connaissons tous par cœur. C'est la berceuse du ministre de l'Économie, répétée en boucle sur les plateaux télévisés :

« *Les caisses sont vides. Il n'y a pas d'argent magique. Nous vivons au-dessus de nos moyens.* »

Et c'est au nom de ce dogme comptable absolu que l'on ferme des lits d'hôpitaux, que l'on gèle le salaire des enseignants, que l'on repousse l'âge de la retraite, et que l'on explique aux citoyens qu'ils devront faire des sacrifices.

Mais soudain, une guerre éclate. Et sous les yeux ébahis du contribuable, le miracle se produit. Du jour au lendemain, le plafond de la dette disparaît et les règles de rigueur budgétaire européennes sont suspendues. En quelques semaines, l'Allemagne débloque un fonds spécial de 100 milliards d'euros pour son armée. L'Union européenne, le Royaume-Uni et les États-Unis votent des budgets pharaoniques pour expédier des armes sur le front.

Et que dire de la Belgique ? Nos gouvernements rabotent tous les services publics au nom des économies nécessaires, mais trouvent soudain les milliards indispensables pour financer l'explosion des coûts et l'entretien de sa flotte de chasseurs F-35, alors que notre espace aérien ne permet même pas de les faire voler, obligeant nos pilotes à s'exiler pour utiliser celui des autres.

L'argent magique existe donc bel et bien, mais il porte l'uniforme. Ce n'est pas un phénomène nouveau. Le complexe militaro-industriel est la forme originelle et la plus parfaite du parasitisme néolibéral. Contrairement à une école ou un hôpital qui représentent un « coût » dans la pensée comptable, fabriquer une arme est comptabilisé comme une création de richesse dans le PIB. Mieux encore : **la guerre est l'accomplissement suprême de l'obsolescence programmée** que nous avons vue au *chapitre sept*. Quoi de plus rentable pour l'industrie qu'un produit qui coûte des millions d'euros à fabriquer, qui est acheté avec l'argent public, et dont l'unique vocation est d'exploser en plein vol ou d'être détruit sur un champ de bataille ? Sitôt le missile tiré, l'État doit s'endetter à nouveau pour en commander un autre. C'est le cycle parfait de la rentabilité : un tonneau des Danaïdes rempli avec la sueur des travailleurs pour engraisser les actionnaires de l'armement.

L'écologie de façade face au char d'assaut

Mais l'hypocrisie de la course à l'armement ne s'arrête pas aux finances publiques ; elle pulvérise également le narratif de la transition verte.

D'un côté de l'écran, le système culpabilise le citoyen : on lui interdit d'entrer dans les centres-villes avec sa vieille voiture diesel, on lui supprime ses pailles en plastique, et on l'enjoint à baisser son chauffage en hiver pour « *sauver la planète* ».

De l'autre côté de l'écran, les mêmes gouvernements financent et déploient des flottes de chasseurs bombardiers, de chars d'assaut et de porte-avions qui engloutissent des milliers de litres de carburant à la minute et rejettent plus de CO2 en une seule journée de manœuvre militaire que des villes entières en une année. Le Pentagone, à lui seul, est le plus grand consommateur institutionnel de pétrole au monde et le plus grand émetteur de gaz à effet de serre de la planète. Pourtant, par un cynisme absolu, les émissions de l'industrie militaire sont systématiquement exclues des accords internationaux sur le climat. On demande au peuple de s'éclairer à la bougie pendant que l'élite joue à la roulette russe avec l'arsenal nucléaire mondial.

CAPITALISME
MORTE
RUE DU CREDIT SOCIAL
0.6 M$
TAXE CARBONE
0.2 M$
10 M$

CONCLUSION :

LE CAPITALISME EST MORT

Nous passons notre temps à hurler sur un cadavre. Depuis des années, nous accusons le capitalisme de tous les maux : l'effondrement écologique, la casse sociale, l'aliénation de nos vies. Mais nous nous trompons de cible, car le monstre a déjà muté. Le capitalisme – celui des usines, de la libre concurrence et de la production matérielle – a rendu son dernier souffle il y a déjà un bon moment. Ce qui l'a remplacé est bien plus insidieux, et infiniment plus prédateur.

Pour le comprendre, reprenons notre partie de Monopoly. Dans le jeu classique – le capitalisme de nos parents – les joueurs s'affrontaient sur un plateau partagé. La compétition était féroce, souvent injuste, mais il y avait des règles communes. Une banque neutre, des cases accessibles, et une chance, même infime, de s en sortir en produisant et en échangeant des biens réels.

Aujourd'hui, la partie a changé. Quelques ultra-milliardaires de la technologie n'ont pas simplement raflé tous les billets : ils ont acheté le plateau lui-même. Quand vous naviguez sur une plateforme d'e-commerce ou que vous scrollez sur vos réseaux sociaux, vous n'êtes plus sur un marché libre. Vous entrez dans un domaine privé. Les nouveaux maîtres du jeu – les géants du numérique – ne s'enrichissent plus par l'innovation ou la concurrence. Ils se gavent par la rente. Ils prélèvent une taxe sur chaque transaction, chaque clic, chaque seconde d'attention. **Nous avons basculé dans un nouveau Moyen Âge numérique.** Les mégacorporations sont devenues les nouveaux seigneurs, et leurs algorithmes sont les murs invisibles de nos donjons.

Et nous ? Nous sommes devenus les esclave du cloud. Nous cultivons quotidiennement leurs terres numériques en offrant gratuitement nos données, notre temps de cerveau disponible et notre attention. Tant que nous penserons combattre le vieux capitalisme, nous frapperons dans le vide. L'arbre de la croissance financière nous masque la réalité de cette nouvelle **prison à ciel ouvert.** Reconnaître que le capitalisme est mort et que nous sommes devenus les vassaux d'un féodalisme technologique est le véritable point de bascule. C'est la fin de l'illusion.

Regardons les choses en face : la démonstration est désormais totale. Le plateau de jeu est truqué, et les dés sont pipés. Tout au long de cet ouvrage, nous avons soulevé les voiles de notre réalité : nous avons vu que la monnaie est une illusion basée sur la dette, que notre souveraineté a été confisquée par des fonds spéculatifs, que Big Pharma gère notre santé comme un simple abonnement, que le travail décent est ubérisé, et que la planète Terre sert de décharge à ciel ouvert. Enfin, nous avons compris que l'inflation du divertissement de masse et des industries de l'armement n'est là que pour masquer l'effondrement de nos services vitaux les plus élémentaires.

Cette immense matrice techno-numérique n'est pas un système en panne. Pour ceux qui l'ont conçu, il accomplit exactement ce pourquoi il a été codé : transférer la richesse et le contrôle de la majorité vers une infime minorité, en brûlant la biosphère au passage.

On nous répète pourtant, comme une vérité absolue, que ce modèle reste le « moins pire des systèmes » parce que le communisme a échoué. Mais de quel communisme parle-t-on ? L'histoire n'a jamais vu naître une véritable société communiste ; elle a simplement vu s'effondrer des dictatures industrielles d'État. Le vieux capitalisme et le socialisme d'État soviétique n'ont jamais été des ennemis jurés : ils étaient les deux faces d'une même pièce, celle du productivisme aveugle. Tous deux partageaient le même dogme mortifère : croire que le salut humain réside dans l'extraction infinie des ressources et la mécanisation de la vie. L'un fétichise le Marché, tandis que l'autre fétichise l'État.

Mais aucun des deux n'a jamais intégré les limites physiques de la biosphère, ni l'urgence absolue d'une élévation de la conscience humaine. C'est pourquoi vouloir ressusciter les fantômes idéologiques du XXe siècle est une impasse tragique. Nous devons impérativement sortir de ce faux dilemme. La passerelle vers l'avenir ne consiste pas à changer de maître, mais à changer radicalement de logiciel de civilisation.

Quand on évoque la fin d'un monde, notre imaginaire collectif, profondément nourri par le cinéma, s'attend toujours à une explosion soudaine. Un crash brutal, un mur de briques contre lequel tout s'arrête net du jour au lendemain dans le chaos.

C'est une erreur de perspective.

En réalité, l'impact a déjà eu lieu. Le mur des limites physiques de la Terre et de l'absurdité mathématique de la dette a été percuté de plein fouet. Ce choc n'a pas pulvérisé le véhicule instantanément, mais a définitivement détruit sa propulsion. Le moteur est mort, et ce que nous vivons aujourd'hui n'est pas le fonctionnement normal de notre société, mais sa phase de décélération.

Comme un paquebot lancé à pleine vitesse dont les machines se seraient éteintes subitement, le système continue d'avancer sur sa lancée, par simple inertie. Les lumières brillent encore à bord, les marchés financiers s'agitent, les algorithmes calculent et les supermarchés se remplissent, mais le mouvement n'est plus alimenté par rien de réel. Nous sommes en pleine décélération progressive vers l'arrêt total.

Cette période intermédiaire est profondément inconfortable. Elle sera jalonnée de crises, de pénuries et d'une perte de repères généralisée, car la structure ralentit brutalement pendant que la population, elle, est encore sommée de courir au même rythme effréné.

Mais cette décélération est aussi notre chance historique. Elle est une précieuse fenêtre de tir, l'intervalle suspendu qui nous est accordé pour concevoir, ensemble, les fondations de la suite. Avant l'immobilisme complet du vieux monde, au fond de cette impasse, le moment est venu d'ouvrir les yeux. Le moment est venu de fonder « le Conscientisme ».

TABLE DES MATIÈRES

1. Les règles du jeu truqué : Capitalisme et mutation néolibérale

2. La monnaie fantôme et le sang du désert

3. Le Chantage à la Dette

4. Les propriétaires anonymes du monde

5. La stratégie du choc, de la seringue au gazoduc

6. Le code-barres humain

7. L'obsolescence programmée ou l'économie de la poubelle

8. Le servage algorithmique

9. Le grand court-circuit démographique

10. L'arsenal de l'apocalypse comptable